LE SÉNÉGAL

EST

UNE COLONIE FRANÇAISE.

PAR

S. AUXCOUSTEAUX.

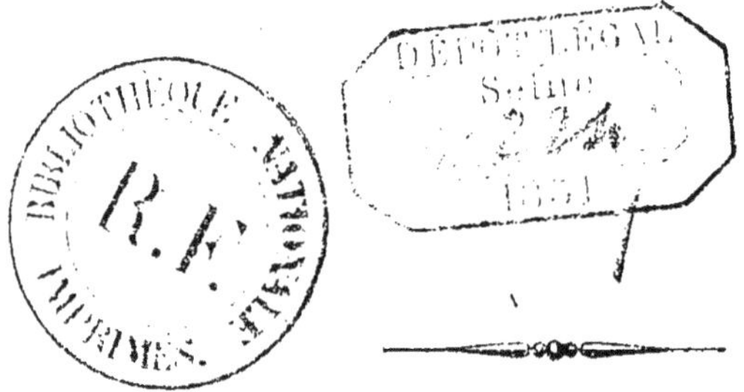

PARIS,

IMPRIMERIE ADMINISTRATIVE DE PAUL DUPONT,

RUE DE GRENELLE-SAINT-HONORÉ, N° 45.

1851

LE SÉNÉGAL

EST

UNE COLONIE FRANÇAISE.

Cette assertion paraît hardie, et quelques preuves ne seront
pas inutiles pour la faire admettre par tous ceux qui jetteront
les yeux sur cette humble notice.

Pour bien des gens, l'existence même du Sénégal est à l'état
de question. On entend bien dire qu'il vient de la gomme de
ce pays-là; mais s'il fallait connaître tous les pays qui envoient
des marchandises à la France !...

Il y a bien aussi des officiers de marine qui prétendent avoir
vu et habité le Sénégal ; mais ils font tant d'histoires, les officiers de marine, et les histoires de voyages sont si délaissées
maintenant, à moins qu'elles n'agitent le bruit métallique de
la Californie !

Il y a des savants qui ont lu Malte-Brun : ils savent que le
Sénégal existe ; ils savent même vaguement que cela appartient
à la France, Malte-Brun le dit, du moins ; mais ils sont à peu
près assurés que c'est une espèce de fournaise ardente, de ma-
récage fiévreux où, en fait d'Européens, l'on s'est borné jusqu'à présent à expédier quelques mauvais sujets en consommation [1].

Le Sénégal a vu, en effet, à diverses époques, débarquer sur
ses rives quelques-uns de ces caractères indomptables, rebelles
à tout joug, que l'on envoyait pour tenter les aventures, avec
l'espoir mal déguisé que le climat meurtrier remplirait son
office et *consommerait* [2] en eux la santé et la vie ; mais, à de

---

1—2 Jeu de mots d'un usage fréquent à Saint-Louis.

rares exceptions près, il est arrivé que le climat, comme pour
montrer combien c'est en vain que l'homme propose, au lieu
d'abattre les exilés sous son souffle impur, leur a permis impu-
nément, pendant de longues années, l'usage et l'abus mortels
pour d'autres de tous les genres de *consommations* [1], depuis
l'absinthe jusqu'au champagne, de tous les plaisirs, depuis la
chasse à toute heure jusqu'aux voluptés de toutes nuances.
C'est que, la plupart du temps, le climat avait affaire à des tem-
péraments exceptionnels, à des esprits parfaitement inaccessi-
bles à la mélancolie, aux soucis, à la peur, les plus puissants
pourvoyeurs, avec l'intempérance, du cimetière de Sor [2].

La peur tue en tous pays, non pas la peur des combats, de
l'épée, d'un regard ferme, non pas la peur qui fait le lâche, le
lâche se porte bien généralement, mais la peur des fantômes,
la peur des idées, la peur enfantée par l'imagination. Aussi,
lorsqu'un jeune soldat ou un jeune employé de l'administration
se prend à regretter la France et à craindre de ne plus la re-
voir, sa place est marquée à l'hôpital, il y vient tôt ou tard, la
veille du jour où il devait partir peut-être, et il est rare qu'il en
sorte guéri. La douleur bien légitime des familles de ceux qui
sont morts ainsi a rendu le climat responsable des œuvres de
la peur, et un préjugé fatal n'a pas tardé à s'établir au sujet du
Sénégal. Le climat, cependant, n'y est pas plus malsain que
dans bien d'autres pays tropicaux.

Il est certainement moins dangereux d'habiter Saint-Louis
ou Gorée pendant l'hivernage que la Nouvelle-Orléans pendant
la saison des fièvres; et des négociants de Saint-Louis, ayant ha·
bité les Antilles, m'ont affirmé qu'ils auraient redouté d'y conduire leur famille, tandis qu'ils l'avaient amenée sans crainte au
Sénégal [3].

Et cependant, les hommes les moins *philanthropes* n'auraient
jamais l'idée d'envoyer un malfaiteur cuver son crime en pareil

---

[1] Jeu de mots d'un usage fréquent à Saint-Louis.

[2] Cimetière de la ville de Saint-Louis, situé dans l'île voisine de Sor.

[3] Cette opinion est celle de beaucoup de personnes qui ont habité le Sénégal. Voici ce qu'écrivait, l'année dernière, M. A. Bouët, officier de marine :
« On n'a pas tardé à s'apercevoir en Europe que toutes les histoires faites
sur la mortalité effrayante du Sénégal n'étaient que des contes entretenus et
propagés par certains intérêts égoïstes... Les comparaisons faites entre Saint-
Louis et Brest, par exemple, n'ont pas été en faveur de cette dernière ville ; il
est rare surtout de voir les femmes européennes atteintes par les affections cli-
matériques du Sénégal.

lieu. Les condamnés *civils* sont, à ce qu'il paraît, bons à garder parmi nous : c'est peut-être pour purifier la société par l'horreur de l'exemple et le dégoût du contact, de même qu'autrefois en Grèce on enivrait les esclaves sous les yeux des enfants.

Il y a aussi des gens du monde qui ont diverses notions sur le Sénégal. — Les lecteurs du *Journal des Débats* n'ont pas oublié les spirituels récits du major Fridolin, esquisses fines et légères de paysages aperçus par l'ouverture d'un sabord ; — enfin, récemment, il a paru sur le Sénégal des narrations illustrées [1] et des souvenirs d'il y a quinze ans [2] qui, sans avoir le charme de style du major Fridolin, pèchent tout autant que lui par l'inexactitude, ou, comme on dit au coin de son feu, par *la broderie* ; mais tout cela ne prouve pas que le Sénégal soit une colonie bien utile.

Il y a aussi des gens qui, par état, doivent savoir que le Sénégal est une colonie française ; mais ceux-là sont les plus difficiles à convaincre, car il n'y a pire ignorant que celui qui ne veut pas savoir.

Aussi n'est-ce pas pour ces derniers que j'écris, non plus que pour les profonds économistes qui posent carrément cet axiome :

TOUTE COLONISATION EST IMPOSSIBLE.

Je m'adresse aux hommes de bon sens qui n'ont ni parti pris ni intérêt engagé dans la question, à ceux surtout qui n'ont pas de vues administratives à soutenir, et je les engage à fixer un instant leur attention sur l'état actuel de la colonie du Sénégal et sur les améliorations que je crois possible d'y introduire.

Je voudrais qu'après avoir lu ces pages, ils fussent convaincus que le Sénégal, malgré les crises fréquentes qui énervent sa vitalité, tient, au point de vue de la population, du commerce et de la marine, un rang plus élevé qu'on ne l'imagine ;

Qu'il est susceptible de développement par sa position géographique et parce que l'abolition subite de l'esclavage n'y a pas produit les mêmes bouleversements qu'ailleurs ;

Et qu'au moment où dépérissent plusieurs de nos colonies,

---

[1] *Illustration*, n° du 16 mars 1850, et précédents.
[2] *Estafette*, feuilletons du 27 février 1850 et jours suivants.

il est important de donner une grande extension à celles qui peuvent s'y prêter.

Je voudrais leur faire partager mes convictions sur les moyens de donner, dans notre colonie du Sénégal, une impulsion durable et sage à la civilisation et d'y accroître l'importance

Du commerce,
De l'agriculture,
De la navigation.

Je voudrais surtout exciter assez leur intérêt et leur bienveillance pour qu'ils donnassent à mes vues leur appui s'ils les trouvent bonnes, ou le secours de leurs conseils et de leurs lumières s'ils les trouvent erronées ou incomplètes.

La position du fleuve Sénégal est centrale ; c'est un de ces carrefours des nations par où doivent forcément passer le commerce, la conquête ou la civilisation. Sur sa rive droite vient finir le désert du Zahra, cette Polynésie d'oasis qui attend encore ses Magellan, ses Méndaña, ses Cook et ses Bougainville ; sur sa rive gauche se presse une multitude de peuplades nègres, la plupart sédentaires, quelques-unes nomades, offrant toutes à l'Europe un champ nouveau pour le développement de son commerce et de sa civilisation ; ses sources découlent de montagnes encore inconnues et inexploitées ; son parcours est le plus étendu parmi les fleuves de la côte occidentale d'Afrique, après celui du Niger, dont il se rapproche et avec lequel il communique peut-être.

Dans une partie du monde où les seules routes sont encore les cours d'eau, l'importance du Sénégal est capitale ; il s'en faut que tous les avantages de cette position aient jamais été utilisés jusqu'à ce jour. Dans les divers systèmes et aux diverses époques de l'occupation européenne, on a plus ou moins suivi, plus ou moins repoussé les indications données par la nature, mais on ne s'est jamais servi de toutes les ressources qu'elle offrait. Notre occupation actuelle n'a aucun caractère : c'est plus qu'un comptoir, cela voudrait être moins qu'une colonie ; il s'y est succédé tant de variations administratives, qu'on s'étonne que le Sénégal ait pu ne pas rendre encore le dernier soupir ; le doute et l'irrésolution n'ont jamais produit une œuvre plus bâtarde que celle que nous y accomplissons depuis trente ans. Mélangés de concurrence et de privilége, de guerres quelquefois téméraires et d'outrages impunis, de loyauté et de déloyauté, nos actes ont miné notre domination et donné aux riverains le droit dont ils usent de nous juger sévèrement

Si la France veut profiter du parti qu'elle peut tirer de la possession exclusive du fleuve, si elle veut examiner à fond la question du Sénégal, qui ne l'a été jusqu'à ce jour que superficiellement, si elle veut donner à sa conduite en ce pays une direction passablement sensée, mais surtout unique et suivie avec persévérance, le Sénégal deviendra ce qu'il doit être :

La principale route par laquelle les marchandises d'Europe pénétreront au centre de l'Afrique ;

Un marché où la sécurité due à notre présence attirera des populations dispersées maintenant par la crainte de mutuels pillages ;

Une colonie où nous donnerons l'exemple de la culture, négligée maintenant à cause des diversions de la guerre et de l'insouciance du caractère noir, culture possible, facile et qui viendra augmenter le chiffre des échanges dont nous sommes les intermédiaires ;

Enfin, une mission où, soit par la seule influence de notre contact, soit plutôt et surtout par l'influence religieuse, nous élèverons le niveau intellectuel et moral des populations sénégambiennes, et nous préparerons l'œuvre immense de l'extinction de la barbarie en Afrique.

Le Sénégal est une colonie, quoique les documents officiels aient voulu la reléguer au rang des comptoirs, et une colonie plus importante de fait que la Guyane, ce qui donne un démenti formel à cette phrase administrative si souvent répétée : *nos quatre grandes colonies, la Guadeloupe, la Martinique, la Guyane et la Réunion.*

Le Sénégal est actuellement plus important que la Guyane par sa population, son commerce et la navigation à laquelle il fournit un aliment.

Je ne parle pas de l'avenir. Je ne connais pas la Guyane ; j'ignore pourquoi ce sol immense et fécond est resté si peu productif entre nos mains ; j'ignore pourquoi une étendue de terrain plus considérable que celle des Guyanes anglaise et hollandaise n'alimente, administrée par les Français, qu'une population moindre et un commerce plus restreint que ses voisines ; je ne désespère pas, malgré le coup fatal de l'émancipation subite, de lui voir un jour, sous de certaines conditions, prendre le développement et s'élever à la prospérité que la nature semble lui promettre ; mais je constate que maintenant elle est de tout point inférieure au Sénégal. Je ne sais pas ce qu'on peut attendre de son avenir, tandis que je crois savoir ce que l'on doit attendre de celui du Sénégal.

On comprend, du reste, que je n'établis pas ce parallèle entre deux colonies pour ravaler l'une au profit de l'autre, pour écarter de l'une une somme d'intérêt et de sollicitude que je désire appeler sur l'autre ; je veux seulement, défenseur ardent de la vérité, rendre manifeste à tous les yeux le rang qu'occupe réellement une colonie qui ne mérite pas l'oubli dans lequel on l'a jusqu'à présent ensevelie.

La population *officielle* du Sénégal est inférieure à celle de la Guyane, mais c'est parce que les recensements administratifs n'ont tenu compte que de la population des îles de Saint-Louis et de Gorée ; il est évident qu'une grande partie, sinon la totalité de la population des villages de Dakar, Rufisque et autres aux environs de Gorée, appartient tout aussi bien à la colonie que celle de Gorée même ; elle ne vit que par et pour Gorée, avec qui elle a des relations intimes de parenté et de commerce. Il en est de même des environs de Saint-Louis : une foule de villages tels que Sor, Leybar, Babagué, Thionck, M'Boyo, M'Bérail, Diaoudoun, Guemoy, N'Galel, Maka, etc., relèvent de Saint-Louis par le fait, quoique n'étant pas soumis à son autorité politique et administrative, et en sont, pour ainsi dire, des faubourgs et des dépendances qui disparaîtraient si Saint-Louis disparaissait lui-même. Les villages qui se groupent autour des forts que nous occupons sur les rives du fleuve, Lamsar, Richard-Toll, Merinaghen, Dagana, ont une population qui, en grande partie du moins, appartient par le fait à notre colonie. Les forts éloignés de Bakel et de Senoudebou ont eux-mêmes, dans leur enceinte et autour d'eux, un certain chiffre d'habitants qu'il convient d'ajouter à celui des recensements faits à Saint-Louis et à Gorée.

La population réelle de notre colonie du Sénégal peut être évaluée à 30,000 âmes au moins, et est en voie d'accroissement.

Elle se compose d'Européens, d'habitants et de noirs.

Les Européens, qui sont peu nombreux, conservent tous, à part quelques rares exceptions, la pensée du retour en France : les troupes, environ 500 hommes, et les membres des diverses administrations, se renouvellent à peu près tous les trois ans. Les Européens ne donnent pas au Sénégal l'exemple de cet esprit de séjour, de cette fixité d'établissement si remarquables chez les Anglais qui s'expatrient; campés, pour ainsi dire, à Saint-Louis et à Gorée, ils ont été jusqu'à ce jour empêchés par leurs habitudes presqu'autant que par la législation locale de se répandre dans l'intérieur pour s'y livrer à des opérations de commerce qui seraient lucratives entre leurs mains ; agglomérés sur ces deux points, ils s'y font une concurrence qui devient chaque année plus funeste; mais il est à remarquer que leur nombre ne diminue pas, il augmente, malgré la difficulté des affaires : ils semblent avoir un pressentiment secret des améliorations que le pays est susceptible de recevoir, une foi confuse dans l'avenir, et ils attendent de meilleurs jours.

Au Sénégal, il n'y a pas de créoles ; les stupides préjugés qui, dit-on, règnent encore aux Antilles, n'existent pas à la côte d'Afrique. On appelle *habitants* les hommes de couleur ; plusieurs d'entre eux tiennent le premier rang dans la population, mais beaucoup aussi ont vu leur position s'amoindrir successivement, autrefois par suite de l'abolition de la traite des noirs, plus récemment par suite des chances aléatoires et si souvent désastreuses de la traite de la gomme, enfin par suite de l'abolition subite de l'esclavage et de l'insuffisance de l'indemnité.

Leur nombre s'accroît de jour en jour ; et l'on ne peut se défendre d'un sentiment pénible en songeant à l'avenir de la jeune génération qui s'élève. Que deviendra-t-elle? Quel sera l'aliment de son activité? Ou bien, faut-il consentir à voir cette activité s'éteindre et faire place à l'oisiveté et à la paresse, aux vices, à la misère et à l'abrutissement qui peuvent en résulter ?

Quant aux noirs, qui forment le fond et la majorité de la population, c'est, si je puis m'exprimer ainsi, la plus noble race des noirs de l'Afrique.

Le Yoloff est grand, bien fait, bien proportionné, adroit, vigoureux et dur à la fatigue ; la grosseur des lèvres et l'écrasement du nez sont généralement beaucoup moins prononcés chez lui que chez le reste des noirs, et les traits de son visage reflètent la bonté et l'intelligence; imitateur, comme tous les peuples-enfants, il aime à suivre les exemples que nous lui donnons; imitateur surtout de ce qui est facile, il copie trop fidèlement nos mauvaises habitudes. Mais il est certain que si les bons exemples étaient seulement aussi nombreux que les mauvais, et si l'Européen n'était pas constamment préoccupé de l'idée flatteuse d'écraser le noir sous le poids de sa supériorité, la race yoloffe se serait sensiblement améliorée, et se calquant sur les modifications de l'âme, les traits de son visage se seraient rapprochés encore de la dignité du type européen. Les noirs sénégalais sont courageux et dévoués à la France; ils en ont donné de nombreuses preuves, et, dernièrement encore, au combat de *Fanaye* (juillet 1849), ils se sont conduits avec une intrépidité que le gouverneur s'est plu à constater. Leur dévouement n'est pas moins grand en cas d'accidents, de dangers, de naufrages : les noirs de *Guet'-N'Dar* [1], qui, s'il reste quelque doute sur la nationalité de leur sol, sont bien du moins Français par le cœur, ont été, au naufrage du *Caraïbe* (février 1847), admirables. Je crois que personne ne pourra taxer le mot d'exagération : pendant huit heures consécutives ils ont nagé dans les brisants, et même au delà, pour sauver les malheureux soldats et matelots que la peur et la précipitation avec laquelle on les mettait hors du bord faisaient tomber des cordages sur lesquels quelques-uns parvenaient jusqu'à terre. La France a perdu là trente hommes qu'elle aurait dû ne pas perdre; mais, sans les noirs, le douloureux événement du *Caraïbe* aurait excité plus de regrets et plus de remords encore.

Adonnés presque tous au commerce et à la navigation fluviale, les noirs sénégalais ont une grande prédilection pour le séjour de Saint-Louis et de Gorée : quelques-uns sont maçons, charpentiers, menuisiers, calfats, voiliers, forgerons, tailleurs même.

Ils seront ce que nous les ferons.

Quant au commerce et à la navigation, les documents officiels permettent d'apprécier la supériorité du Sénégal sur la Guyane, et de constater une importance qui peut décroître ou se développer suivant le dédain ou l'intérêt de la métropole.

Je suis obligé de citer des chiffres pour n'être pas taxé d'inexactitude, mais je les abrège autant que possible.

La moyenne des importations et des exportations, pendant la période quinquennale de 1842 à 1846, est pour le Sénégal [2] de 16,300,000 francs, et pour Cayenne de 5,700,000 francs.

Le Sénégal, en 1846, participait pour un centième au commerce général de la France avec toutes les nations du globe; la Guyane y participait pour deux millièmes.

---

[1] Gros village en face de Saint-Louis, sur la langue de sable, prolongation du désert, qui sépare le fleuve de la mer.

[2] Tableaux du commerce de la France, 1847. Tableau n° 4; publié par l'administration des douanes, Paris, imprimerie nationale.

d°, 1848, d°, d°.

Le commerce du Sénégal a progressé d'une manière remarquable pendant cette période, tandis que celui de la Guyane est resté complétement stationnaire. Ainsi il a été :

POUR LE SÉNÉGAL,		POUR LA GUYANE,	
En 1842, de...	8,600,000 fr.	En 1842, de...	5,400,000 fr.
En 1843, de...	11,600,000	En 1843, de...	6,600,000
En 1844, de...	14,300,000	En 1844, de...	6,300,000
En 1845, de...	22,900,000	En 1845, de...	4,800,000
En 1846, de...	23,800,000	En 1846, de...	5,300,000
En 1847, de...	21,000,000	En 1847, de...	6,500,000

Le mouvement de la navigation [1] entre la France et le Sénégal a été, en 1847, de 186 navires, jaugeant 32,743 tonneaux et montés par 1,983 hommes d'équipage. Il a été, pendant la même année, entre la France et la Guyane, de 51 navires, jaugeant 9,459 tonneaux, et montés par 585 hommes.

En 1848, le mouvement avec le Sénégal a été de 151 navires jaugeant 25,680 tonneaux, montés par 1,401 hommes, et avec Cayenne, de 31 navires, jaugeant 6,018 tonneaux, montés par 379 hommes.

Et, pendant que je parle de navigation, je vais citer celle de la Réunion, et l'on verra que le mouvement maritime du Sénégal n'est pas très-éloigné de celui de notre belle colonie des mers orientales d'Afrique. Le mouvement avec la Réunion a été, en 1847, de 156 navires, jaugeant 45,319 tonneaux, montés par 2,529 hommes, et, en 1848, de 103 navires, jaugeant 31,035 tonneaux, montés par 1,638 hommes.

Ainsi, le commerce du Sénégal est de trois à quatre fois plus considérable que celui de la Guyane; sa navigation (tonnage et nombre d'hommes), près de quatre fois plus considérable que celle de la Guyane, et la navigation de la Réunion n'est qu'environ d'un quart supérieure à celle du Sénégal.

On voit que, malgré son état actuel de délaissement, le Sénégal tient, au point de vue de la population, du commerce et de la marine, une place qu'on ne veut pas lui accorder généralement.

Mais c'est surtout le développement [2] dont il est susceptible que je veux signaler.

---

[1] Mêmes tableaux que ci-dessus, 1847 et 1848, statistique de la navigation.

[2] M. l'amiral Duperré, qui était, en 1842, ministre de la marine et des colonies, et dont M. Mestro tenait sans doute la plume, écrivait ces paroles pleines d'avenir :

« J'ai vu avec beaucoup de satisfaction que la commission avait apprécié

Le fleuve du Sénégal doit avoir un parcours de près de 400 lieues : nous n'en connaissons guère et nous n'en fréquentons maintenant que 200, depuis son embouchure jusqu'aux cataractes du Felouk. Ces rives de 400 lieues sont encore augmentées de celles des affluents nommés marigots, qui sont très-nombreux, et de celles de la rivière Falémé où nous avons assis récemment le fort de Senoudebou.

Gorée est un îlot dont l'activité commerciale est alimentée par quelques échanges avec les villages voisins de Cayor, par un cabotage assez important sur divers points de la côte et dans plusieurs rivières jusqu'à Sierra-Leone, par quelques rapports avec les îles du cap Verd, et par le passage et le séjour des bâtiments de la marine de l'Etat, et de quelques-uns des navires qui reviennent de l'Inde. A peu de distance de Gorée, nous possédons dans la rivière de Casamance un comptoir et un fort. Nous avons encore dans le fleuve de Gambie le comptoir d'Albreda ; mais, cernés par les Anglais, nous ne pouvons espérer sur ce point aucun agrandissement territorial. Toutefois, ce comptoir est assez important pour que nous ne devions pas songer à l'abandonner. L'année dernière, désastreuse pour les arachides, il a fourni à lui seul 2,400 tonneaux de cette graine en fret à nos navires. La Casamance offrirait plus de ressources, mais elle est isolée et éloignée des centres d'action, et ce n'est pas là que doivent se porter les premiers efforts d'expansion. Quant à Gorée, le jour où il voudra mettre résolument un pied sur la côte, il verra ses affaires augmenter ; la jalousie du Damel[1] restera impuissante ; l'influence de l'Europe se faisant sentir de plus près aux noirs, leur donnera des besoins que le commerce sera appelé à satisfaire.

« toute l'importance de nos établissements à la côte occidentale d'Afrique. La
« possession du cours entier du Sénégal ouvre à la France *un vaste champ à*
« *exploiter* dans l'intérêt combiné du commerce et de la civilisation ; la nécessité d'y *proportionner notre action politique* aux progrès accomplis et à
« ceux qui s'*annoncent*, ne pouvait mieux se révéler qu'à la suite de l'enquête
« à laquelle a donné lieu la question des gommes. Cette partie des propositions
« qui m'ont été soumises, m'a trouvé préparé à les prendre en considération;
« j'en ferai l'objet de rapports spéciaux, que je présenterai incessamment à
« Votre Majesté... »

Ces rapports ont-ils été faits ? Peut-être. Mais je ne crois pas qu'ils aient jamais vu le jour.

[1] Le souverain du Cayor porte toujours ce nom, analogue à celui de Pharaon en Egypte : Cayor est le nom de la partie de pays qui s'étend depuis Saint-Louis jusqu'à Gorée.

Mais on comprend que c'est surtout le fleuve du Sénégal, cette grande route naturelle, et les marigots, ses affluents, ces routes secondaires, qui offrent aux progrès de la civilisation et du commerce une vaste carrière. Sur toutes les rives, il y a du mil et des bestiaux, et plus on pénètre vers l'intérieur, plus les produits sont nombreux. Partout où nous aurons fait régner la tranquillité en y fixant fortement notre domination, les populations viendront s'agglomérer autour de nous, et notre contact leur rendra nécessaires les objets dont nous trafiquons déjà avec les peuplades qui nous environnent. Par le lac Panie-foul, en creusant pendant quelques lieues le marigot qui le termine et qui pendant certaines inondations est navigable pour les pirogues jusqu'à Ouarkorkh, nous pourrions atteindre le centre du Ghioloff dont les nombreux produits à peine exploi-tés attendent que nous venions les chercher pour s'échanger contre les produits du sol et de l'industrie de la France. Les plus incrédules à l'endroit de ces produits du Ghioloff ne pour-ront nier qu'il ne s'y trouve des forêts de gommiers que la jalousie des Maures, possesseurs des forêts de la rive droite, condamne à rester sans récolte. Ils savent aussi combien le mil, cette base indispensable de l'alimentation des noirs y est abondant. Je ne parlerais pas des bœufs, des moutons, de l'ivoire et des cuirs, si je n'y étais autorisé par un homme com-pétent, M. Héricé, auteur d'une brochure [1] sur le Sénégal, excellente et trop peu connue.

Le marigot de l'île à Morphil où nous trafiquons déjà, mal-gré les pillages dont nous y sommes régulièrement victimes, peut devenir, de l'aveu des personnes qui doutent le plus de l'avenir du Sénégal, le centre d'un commerce considérable, et la Falémé, qui nous conduit dans le voisinage de la Gambie, nous assure, si nous le voulons, le commerce d'un pays que le génie entreprenant des Anglais aura bientôt, peut-être, achevé de monopoliser.

Il n'y a pas de limites à notre extension ; nous pourrons tou-cher le Niger, lorsque nous voudrons le relier à Saint-Louis par une suite d'établissements fixes. Il y a donc là du travail

---

[1] Mémoire présenté à M. le ministre de la marine et des colonies sur quel-ques améliorations à apporter à la colonie du Sénégal, par M. Héricé, négo-ciant, membre du conseil général de la colonie, du comité du commerce, con-seiller notable de la cour d'appel, ancien membre du conseil privé, etc. Paris, 1847. Plon frères,..... p. 24 et 25.

et de la vie pour plus d'une génération, et la vie en France est si à l'étroit, le travail si rare, surtout pour les caractères aventureux!

Sur ce territoire, qui n'est maintenant qu'un atome et que notre volonté peut grandir indéfiniment, combien de nouvelles branches d'activité s'offrent déjà, combien peuvent se découvrir encore!

Mais, pour n'être pas accusé de faire passer des illusions pour des réalités, de rêver des moissons et des châteaux dans le Zaahra, c'est encore sur des chiffres officiels[1] que je vais être obligé d'appuyer mon opinion.

En 1840, il arrivait du Sénégal à Marseille 722 kilogrammes d'une graine connue sous le nom de pistache ou arachide[2]. Marseille, ce gouffre immense qui absorbe tous les ans une si énorme quantité de produits oléagineux, jugea favorablement l'arachide, et, en 1841, le Sénégal lui en expédia 259,000 kilos; en 1842, 1,000,000 kilos, et en 1843, 2,800,000 kilos.

Mais ces quantités étaient loin de suffire à la capacité de consommation de Marseille, et, en 1842, elle en recevait de pays autres que le Sénégal 437,000 kilos ; en 1843, 595,000 kilos, et en 1844, 2,600,000 kilos.

Les Anglais de la Gambie profitaient surtout de cette branche toute nouvelle du commerce de la France ; les négociants du Sénégal, justement préoccupés de l'importance du commerce de la gomme pour lequel aucun pays du globe ne peut leur faire concurrence, mais un peu trop imbus alors de préventions contre tout commerce nouveau, ne firent pas assez d'efforts pour développer sur les rives du Sénégal la production de l'arachide, et la Gambie, les îles des Bissagos, le Rio-Nuñez, les îles de Loss et Sierra-Leone même s'empressèrent de fournir à la France tout ce qu'elle voulut en demander.

Voici ce que la France en a consommé :

En 1841............	266,682 kilos.
En 1842............	1,450,241
En 1843............	3,426,371
En 1844............	4,464,931

---

[1] Tableaux du commerce de la France, publiés par l'administration des douanes.

[2] *Arachis Hypogea.*

En 1845............. 6,713,111 kilos.
En 1846............. 9,464,175
En 1847............. 14,179,084
En 1848............. 15,856,761
En 1849............. 14,502,292

Voici ce que le Sénégal en a produit :

En 1841............. 258,927 kilos.
En 1842............. 1,012,511
En 1843............. 2,830,706
En 1844............. 1,829,280
En 1845............. 1,854,713
En 1846............. 1,897,375
En 1847............. 1,926,777
En 1848............. 3,557,730
En 1849............. 4,058,644

La production du Sénégal, quoique bien remarquable, puisqu'elle est, en 1849, *quinze fois et demie* plus élevée qu'en 1841, est loin de présenter un accroissement en rapport avec celui de la consommation de la France, qui est, en 1849, *cinquante-cinq* fois plus élevée qu'en 1841. Mais il résulte de ces chiffres que le Sénégal produit avantageusement l'arachide, que la France en consomme beaucoup plus qu'il n'en a produit jusqu'à présent, et qu'il est, par conséquent, d'un intérêt urgent pour le commerce et la navigation de donner à la production de l'arachide sur les rives du Sénégal tout le développement dont elle est susceptible. Ce développement peut être immense : en effet, la presque totalité des arachides expédiées du Sénégal en France est récoltée dans le pays de Cayor, qui s'étend depuis la gauche de l'embouchure du fleuve jusqu'en face de Gorée. Le reste vient de divers points des rives du fleuve et même quelquefois de Bakel, à 200 lieues de Saint-Louis ; c'est donc un fait acquis que l'arachide peut se récolter avantageusement sur les 200 lieues de rives où nous trafiquons maintenant, et sur une étendue latérale de terrain qui n'est guère limitée que par la difficulté des transports ; c'est à nous à savoir en exciter la culture. Il est utile de faire remarquer qu'en 1849 les arachides venues du Sénégal seulement ont procuré à nos navires un fret de 7,380 tonneaux, tandis que le fret de la gomme n'a été que de 1,429 tonneaux. La totalité des arachides arrivées en France, en 1849, a produit un fret de 26,367 tonneaux.

Par l'exemple de l'arachide devenant en dix ans une branche de commerce importante, on peut juger de l'avenir réservé peut-être à quelques produits ignorés, dédaignés maintenant. La sésame croît en abondance à Bakel ; le ricin pousse spontanément dans tous les environs de Saint-Louis ; l'arbre à pourgue, dont la graine est la base d'un commerce actif aux îles du cap Verd, a été planté avec succès près de Saint-Louis et se propagera sans plus de difficultés que le ricin ; le cochlospermium tinctorium, en Yoloff *Fayar* ; le séné, cassia, en Yoloff Leydour, le cocotier, etc., pourraient être exploités sur une plus grande échelle qu'ils ne le sont maintenant. Le coton qui croît sans culture a une belle soie et une grande blancheur : quelques essais d'expédition en France ont été faits autrefois sans succès ; cela fut une question de prix de revient. Si les plantations et l'exploitation n'avaient pas été faites à très-grands frais, et beaucoup plus en vue des primes qu'en vue du cours de la marchandise en France, si surtout les essais avaient été persévérants, le prix de revient se serait successivement abaissé et aurait pu se niveler avec les prix d'Europe. Il fut un temps, aux Etats-Unis, où un noir, sur une habitation, faisait deux balles de coton ; on calcule maintenant qu'il en fait six à sept. Si à l'époque où les Etats-Unis ne produisaient que deux balles par noir, un pays voisin en eût produit déjà six à sept, les Etats-Unis auraient-ils dû renoncer à la production du coton ? C'est ainsi qu'il faut poser la question pour le Sénégal : les trois ou quatre cents [1] premières balles qu'on expédiera, si l'on tente de nouveau des essais cette fois basés sur l'économie, ne donneront pas de bénéfice ; mais il est très-possible que lorsque l'habitude aura fait rencontrer des moyens économiques de plantation, de cueillette, d'égrenage et d'emballage, le coton du Sénégal puisse s'exporter avec avantage, surtout si les cours restent aussi élevés qu'ils le sont maintenant sur tous les marchés. Le café du Rio-Nunez est excellent ; je suis convaincu qu'il pourrait être cultivé sur certains points du Sénégal.

Mais une branche de culture, d'industrie et de commerce

---

[1] Le poids des cotons, que l'on expédia pendant les quatre années (1822 à 1825) où des essais furent tentés, n'atteignit pas 50,000 kilos, c'est-à-dire à peine 250 balles.

qui n'attend que notre volonté pour s'épanouir, c'est l'indigo.
L'indigofère pousse sans culture sur toute la rive gauche du
Sénégal, depuis Saint-Louis jusqu'au dessus de Bakel ; il y en
a de nombreuses espèces : vingt-cinq sont décrites dans la
« *Flora Senegalensis* » ; six croissent exclusivement dans le
pays de Galam, les autres à peu près sur toute l'étendue des
rives du fleuve. Plusieurs sont impropres à la teinture ; les
deux plus répandues, les deux meilleures donnent des produits aussi bons que les premières qualités du Bengale : des
expériences faites à plusieurs reprises, et en dernier lieu (en
1848) par M. Fontaine, pharmacien en chef de l'hôpital de
Saint-Louis, chimiste distingué, ne laissent à cet égard aucun
doute [1].

Dirai-je encore que le blé pousse au Sénégal?

Qui ne sera tenté de crier au rêve?

Ce n'est pas un rêve pourtant, ce n'est pas une espérance,
c'est un fait accompli.

Il y a deux ans, un Européen qui venait de faire une prome-
nade à Bakel rapporta à Saint-Louis un petit sachet contenant
du blé. Ce blé lui avait été donné par un noir qui lui avait
raconté comment il en était devenu possesseur.

« Il y a quatre ans, lui avait-il dit, un Maure venu de bien
« loin du côté du Nord se reposa dans ma case ; en recon-
« naissance de mon hospitalité il me donna un petit sachet
« contenant une poignée de graines qui m'étaient inconnues
« et me dit que c'était un *grigri* [2] qui m'empêcherait de mou-
« rir de faim, si je le conservais toujours sur l'estomac. Je
« l'attachai à mon cou et l'ai toujours gardé ; mais j'eus la cu-
« riosité de semer quelques-unes des graines dans mon champ
« de mil ; elles produisirent de beaux épis dont je semai en-
« core toutes les graines ; je continuai ainsi tous les ans, et tu
« vois que j'en ai maintenant plusieurs *matars* [3] : j'en ai mangé
« et j'ai vu que c'était très-bon. En voici, prends-en, tu en
« donneras aux blancs de Saint-Louis. »

Lorsqu'il est évident que le Sénégal est susceptible d'un
accroissement plus ou moins rapide, plus ou moins considé-

---

[1] Voir aussi la brochure déjà citée de M. Héricé.

[2] Talisman.

[3] Mesure de la Sénégambie : quatre matars de mil emplissent une barrique
de Bordeaux.

rable, mais enfin, d'un accroissement réel, est-il sage de le laisser dépérir ?

Si nous avions encore le Canada, la Louisiane ou Saint-Domingue, l'Inde ou l'Ile-de-France, si nous avions su nous faire une part dans cette immense terre de la Nouvelle-Hollande, si seulement nous avions su conserver nos priviléges de première occupation à la Nouvelle-Zélande, je concevrais qu'absorbée par le soin de ses vastes et importantes colonies, la France reléguât le Sénégal au dernier rang de ses comptoirs et négligeât de s'en occuper ; mais dans l'état de pénurie coloniale où nous nous trouvons réduits, la politique, l'intérêt de nos industries et de notre marine militaire et commerciale, l'honneur de la France qui ne peut pas perdre encore son rang dans le monde, nous conseillent, nous commandent d'étudier assidûment tous les avantages des colonies qui nous restent, et d'en tirer tout le parti possible.

La protection partiale accordée au sucre de betteraves et l'abolition subite de l'esclavage ont porté à nos colonies à sucre un coup dont il est difficile qu'elles se relèvent. Nous devons tout faire, tout tenter pour guérir leurs plaies, pour les rendre sinon à un état florissant, au moins à cette demi-prospérité dans laquelle elles se sont soutenues longtemps. Mais nous devons aussi, prévoyant la possibilité douloureuse de l'impuissance de nos efforts, nous préparer des ressources nouvelles et comme un équivalent de ce que nous avons perdu.

L'abolition subite de l'esclavage a banni pour longtemps le travail de la Martinique et de la Guadeloupe ; il n'en est pas de même au Sénégal. Les captifs y ont toujours été mêlés aux libres plus nombreux qu'eux, et les libres y ont toujours travaillé à peu près autant que les captifs. L'émancipation n'a donc pas influé gravement sur la question du travail au Sénégal, elle a fait seulement du mal aux propriétaires de captifs, et c'est beaucoup trop ; mais elle n'a rien changé à la somme d'activité sur laquelle nous pouvons compter. Je ne dis pas qu'abandonnés à eux-mêmes, les Sénégalais, malgré la supériorité de leur race sur celles, par exemple, qui ont peuplé Saint-Domingue, ne se laisseraient pas aller à la pente facile de la paresse et de l'oisiveté ; mais en notre présence, ils s'intéresseront aux choses qui nous intéresseront, ils se joindront à nos travaux, ils nous imiteront, et de même qu'ils ont été jusqu'à présent ce que nous les avons faits, ils seront, je le répète, ce que nous les ferons.

Mais une question se présente.

Si le Sénégal est susceptible d'accroissement, si son développement doit contribuer au développement du commerce, de l'industrie et de la marine de la France et au progrès de la civilisation en Afrique, quels sont les moyens d'arriver à ce résultat ?

On pourra être unanime sur le but, mais ne se divisera-t-on pas sur le choix des routes qui peuvent y conduire ?

Il y a là sans doute une difficulté. Le champ des essais est fertile en erreurs, et ces erreurs nuisent trop aux budgets pour que l'on puisse s'exposer légèrement à en commettre. Mais c'est un motif pour être prudent et non pour se décourager : mûrissons nos projets, sans en éterniser l'étude, pesons les chances favorables ou contraires, mais ne restons pas dans une inaction désastreuse, dans un *statu quo* qui deviendrait de plus en plus ruineux.

S'il est à peu près impossible de décrire à l'avance tous les détails des mesures qui peuvent améliorer la condition du Sénégal, il est facile, je crois, d'indiquer les principales, de poser, si je puis m'exprimer ainsi, les principaux jalons de la route, en laissant la facilité d'en modifier la direction dans l'avenir suivant les nécessités des circonstances.

La question financière est la plus importante.

Il faut éviter le danger de s'engager dans un voie qui mènerait forcément à des dépenses imprévues et toujours croissantes. C'est là le point de départ. C'est la seule base fixe et invariable qu'il soit possible de poser et indispensable de respecter dans l'exécution des projets divers que l'on peut vouloir tenter. Aussi, malgré les grands avantages d'un prompt développement de la colonie, je crois qu'il est utile de procéder avec prudence et qu'il importe de fixer à l'avance ses dépenses, de sorte qu'en restant dans leurs limites, on ne soit jamais exposé à les rendre stériles.

Il est facile, en respectant ce principe, d'indiquer quelques mesures principales : c'est ce que je vais faire. Leur adoption nécessitera seulement des dépenses faciles à apprécier à l'avance, et leur utilité subsistera, quelles que soient les modifications que l'on voudra plus tard apporter aux projets primitifs.

Deux de ces mesures me paraissent capitales et indispensables :

— Fondation d'une ville sur l'île à Morphil ;
— Liberté *réelle* du commerce dans le fleuve.

Quant aux autres, quoiqu'elles soient importantes aussi, on pourrait les modifier, les négliger même ; ce serait retarder, mais non pas anéantir complétement le résultat principal, c'est-à-dire l'agrandissement de notre colonie du Sénégal.

J'en dirai quelques mots en terminant ces pages.

Il y a déjà longtemps que l'utilité, la nécessité même d'un établissement dans l'île à Morphil ont été signalées ; une enquête officielle a été faite à ce sujet il y a environ deux ans, mais j'ignore par quelles conclusions la commission a terminé son rapport qui repose avec bien d'autres dans les cartons ministériels. Ce que je sais avec le commun des Sénégalais, ce que l'étude de la géographie et de l'histoire du Sénégal apprend aux intelligences les plus humbles, c'est que cette île est la clef du fleuve et commande aux populations les plus turbulentes ; c'est que l'établissement solide que nous pourrions y avoir rendrait le plus éminent service à la civilisation que nous aimons à propager partout, même à nos dépens, et aux intérêts de la politique et du commerce, inséparables au Sénégal où la politique ne peut guère avoir pour objet que de protéger le commerce.

Dans l'état actuel le Gouvernement ne peut pas protéger le commerce d'une manière efficace dans le fleuve. Ce n'est pas la bonne volonté qui fait défaut : le ministère a les meilleures intentions à cet égard ; l'administration locale est pleine de zèle , son zèle a même été quelquefois exagéré et lui a fait porter ses armes sur un terrain qu'elle aurait dû laisser neutre ; les troupes de toutes armes donnent sans cesse des preuves de courage et de dévouement, et cependant tous ces efforts n'ont pu atteindre le but vers lequel ils tendent, et je crois pouvoir affirmer qu'il en sera toujours ainsi tant que nous n'aurons pas un établissement fixe et respectable sur le point où nous sommes continuellement obligés d'aller réprimer les brigandages dont le commerce est victime.

Nous nous trouvons en relation dans le fleuve, comme je l'ai dit plus haut, avec des peuplades nombreuses de races diverses. Je parlerai seulement des principales. Une grande division se présente d'abord, celle des couleurs : sur la rive droite, les Maures ; sur la rive gauche, les noirs.

Les Maures, à la peau blanche, aux traits européens, mahométans, parlant arabe, sobres, fins et faux, en un mot ne démentant aucun des caractères bien connus de leur race, s'approchent du fleuve pendant la saison sèche pour y abreuver leurs troupeaux et nous apporter la gomme, et se retirent vers le désert, leur antique patrie, pendant la saison des inondations. Ils se groupent en un grand nombre de tribus formant plusieurs nations gouvernées par des rois. Nous n'avons besoin de nous occuper ici que des *Trarzas* et des *Braknas*, quoique nous trafiquions encore avec d'autres nations maures à Bakel.

Les *Trarzas* sont les plus voisins de Saint-Louis; ils viennent nous apporter leurs gommes à l'escale du *Désert*; ils pillent souvent les noirs de la rive gauche. Leurs rois, arrogants et fiers de la bonne opinion que nous leur avons laissé prendre d'eux-mêmes en ne tirant aucun avantage de notre présence dans le fleuve et de nos guerres avec eux, ont des prétentions à la domination du Wallo, c'est-à-dire du pays qui avoisine Saint-Louis et dont la majeure partie nous appartient en vertu de traités. Ce n'est pas ici le lieu d'établir combien ces prétentions sont mal fondées; je le ferai dans un autre travail; je ne veux pas maintenant m'écarter de mon sujet. Si je suis bien informé, ce que je n'affirme pas, ces Maures se prépareraient en ce moment même à détruire partout notre influence, à rendre nos communications dangereuses et à nous restreindre, à nous cerner dans l'île Saint-Louis.

Les *Braknas* viennent faire escale, ainsi que nous, pour la traite de la gomme, à un endroit nommé *le Coq*, ou *Donaï*, à l'extrémité occidentale de l'île à Morphil. C'est une nation considérable, qui nous livre souvent plus de gommes que les *Trarzas*, mais qui, depuis longtemps, est divisée par des luttes intestines dont les *Trarzas* tâchent de profiter pour augmenter leur puissance. Comme tous les Maures, ils pillent, lorsqu'ils le peuvent, les noirs de la rive gauche et ils rançonnent nos bateaux de commerce lorsque ceux-ci se trouvent trop éloignés de la protection de nos forts ou de notre marine.

Les noirs, habitants de la rive gauche, se divisent en nombreuses peuplades dont l'état social est encore plus imparfait que celui des Maures. En remontant le fleuve et après les Yoloffs dont j'ai déjà parlé, on trouve les Toucouleurs, puis les Peuls, les Sarracolets, les Bambaras, etc. Il serait curieux d'étudier la variété de caractères, de langages, de mœurs, de religions, et même de formes gouvernementales de ces divers peuples; mais c'est une étude qui me conduirait trop loin de mon sujet et que je tenterai peut-être dans un ouvrage de plus longue haleine. Il ne peut être utile maintenant de parler que des Toucouleurs, nos voisins turbulents, nos ennemis perfides, mais peu vaillants. Nous appelons *Toucouleurs* les habitants du Fouta, qui avoisinent le fleuve. Le Fouta [1] est un vaste territoire qui longe le fleuve depuis Dagana, à environ 40 lieues de Saint-Louis, jusqu'au pays de Galam. L'île à Morphil est une portion de ce territoire et a une longueur d'environ 60 lieues. Le gouvernement des Toucouleurs est une aristocratie anarchique ; peut-être est-ce un des motifs qui rendent nos relations avec eux si difficiles ; toujours est-il qu'après des peines infinies pour parvenir à contracter avec eux un traité, nous ne sommes pas plus avancés après la conclusion qu'avant, ou plutôt nous le sommes moins, car nous avons fait des cadeaux, nous avons promis des coutumes [2] et nous tenons nos promesses, et ce traité n'empêche pas les pillages et les exactions de recommencer.

Plusieurs fois, les gouverneurs voyant l'inutilité des traités se sont décidés à en appeler aux armes ; nous avons alors battu les Toucouleurs, mais qu'y avons-nous gagné?

Ce n'est pas le cas de dire, je pense, que la France est assez riche pour payer sa gloire ; si la France voulait mettre sa gloire a se montrer belliqueuse, elle en aurait sur divers points du globe de fréquentes occasions, plus dignes d'elle que ses griefs contre une obscure peuplade nègre. C'est donc bien notre intérêt, l'intérêt de notre commerce que nous allions défendre. Eh bien ! cet intérêt a souffert pendant toute la durée de la lutte, et l'expérience a prouvé qu'il souffrait encore après la victoire.

Que gagnons-nous donc à ces victoires? Nous n'y gagnons rien ; nous y perdons des hommes, de l'argent, des affaires commerciales, et nous éloignons de plus en plus le moment où ces populations pourront se civiliser à notre contact.

Nous n'avons qu'un moyen de protéger efficacement le commerce, c'est d'être toujours présents.

Mais, dira t-on, le Gouvernement ne peut pas être présent partout et occuper à la fois 150 lieues des rives du fleuve.

Évidemment.

---

[1] Ceci n'est pas entièrement exact ; mais, pour être dans la stricte vérité, il aurait fallu entrer dans de longs détails superflus.

[2] Les coutumes sont des tributs que nous payons, disons plutôt des droits de douane ; car ce mot de tribut est trop dur à prononcer, et les coutumes auxquelles nous nous sommes soumis sont si multipliées que, si nous les appelions tributs, on pourrait croire que nous sommes partout en servitude dans notre colonie.

Mais l'occupation de l'île à Morphil porte le remède à la racine du mal. Située en face des Toucouleurs, habitée même en partie par eux, située aussi en face des Maures *Braknas*, cette île est le centre où nous devons faire régner la sécurité pour la porter ensuite plus loin. Lorsqu'une ville de l'importance de celle de Saint-Louis s'élèvera sur l'emplacement de Podor, les *Toucouleurs* seront contenus jusqu'à de grandes distances, non pas seulement par la crainte de nos armes toujours prêtes à les écraser, tandis que maintenant une expédition est une lourde affaire à organiser et ne peut durer que quelques jours, mais encore et surtout par les avantages et la facilité qu'ils trouveront à venir commercer avec nous.

Les Maures, de leur côté, intimidés par notre présence, ne pourront plus rançonner nos bateaux, et la tranquillité, la sécurité commerciale nous seront acquises depuis Saint-Louis jusqu'à l'extrémité orientale de l'île à Morphil.

Notre présence constante, notre résidence sur ce point du fleuve feront, pour la civilisation et l'activité commerciale, ce que les excursions momentanées des navires de l'État et des bateaux du commerce n'ont pu faire jusqu'à présent et ne pourraient jamais faire. Notre influence, restreinte maintenant aux environs immédiats de Saint-Louis, se fera sentir sur tout le fleuve depuis Saint-Louis jusqu'à Saldé [1], par suite des rapports continuels des deux villes entre elles. On comprend qu'il en résultera une augmentation d'affaires commerciales tout à fait inattendue; en avançant que le chiffre du commerce sera doublé, on reste au-dessous de la vérité et hors de l'atteinte de la critique des incrédules.

Notre établissement à Podor aura encore un autre résultat précieux qu'il nous serait difficile d'atteindre si nous ne faisions pas franchir à la colonie les limites de la petite île de Saint-Louis : je veux parler de la culture. La végétation, à la hauteur de l'île à Morphil, est toute différente de ce qu'elle est au bord de la mer ; si, auprès de Saint-Louis, le mil, l'arachide, le cotonnier, l'indigofère, le palma-christi, le cocotier poussent déjà spontanément, à Podor, toutes les productions tropicales, à peu d'exceptions près, croîtront facilement. Je me

---

[1] *Saldé*, gros village près de l'extrémité orientale de l'île à Morphil. Sur quelque point de l'île que la ville soit établie, notre domination s'exercera sur l'île entière ; nous aurons, pour la garantir, les Spahis, inutiles à Saint-Louis, précieux à Podor.

suis trouvé à Guédé, gros village de l'île à Morphil, au milieu du mois de juin, c'est-à-dire à l'époque de la plus grande sécheresse ; j'y ai vu des plantations de tabac indigène parfaitement prospères, des melons en abondance, etc. Ce sera aux environs de notre établissement, dans la ville même pour ainsi dire, qu'on pourra cultiver ; aussi les habitants et les noirs n'auront plus pour les travaux agricoles cette répulsion qu'ils semblent éprouver maintenant , parce qu'ils pourront les entreprendre sans s'isoler, sans s'éloigner de notre société et de notre protection ; ils pourront se livrer tour à tour, suivant les saisons et presque simultanément, à l'agriculture et au commerce, et toute cette population de Saint-Louis qui végète maintenant, toute cette jeunesse qu'on voit grandir à regret parce qu'on ne sait pas à quoi on pourra l'occuper, trouvera à Podor un double moyen d'existence.

La fondation d'une ville sur l'île à Morphil, tout en assurant la tranquillité du fleuve, en donnant au Gouvernement les moyens d'y être le maître et d'y exercer une protection efficace, en augmentant l'importance commerciale, maritime et agricole du Sénégal, en reculant les limites de la civilisation, aura encore un avantage considérable, si je ne me trompe, celui de permettre de proclamer la liberté réelle du commerce dans le fleuve.

Le système commercial du Sénégal a longtemps occupé les gouverneurs et les conseils privés, le ministère et les commissions qu'il a nommées pour lui venir en aide. Il n'en est résulté qu'une réglementation défectueuse, de l'aveu même de ses auteurs [1], et qu'ils n'ont adoptée que faute de savoir comment se tirer de la question..... C'est qu'il est en effet très-difficile de sortir d'une question quand on laisse fermée la seule issue

---

[1] Rapport de M. Gautier, 2 novembre 1842, à la fin. Ce rapport constate, en outre, que jamais au Sénégal le monopole n'a profité d'une manière durable aux associations auxquelles il a été concédé.... ; que la population de Saint-Louis s'est élevée....., de 1818 à 1832, de 6,000 à 9,000 âmes ; de 1832 à 1835, de 9,000 à 12,000 âmes, et que ce progrès a eu lieu à la suite de quatorze années de commerce entièrement libre..... ; et, enfin, que..... un des plus graves inconvénients qui s'attachent à l'intervention de l'autorité dans la réglementation des intérêts du commerce, c'est de l'entraîner dans l'erreur où trop souvent elle est sur les résultats qu'elle en attend, et de l'induire ainsi dans de graves dommages dont la responsabilité vient ensuite, à bon droit, peser sur l'autorité elle-même.

qu'elle présente. Espérons pour le Sénégal et un peu aussi pour la dignité de la France, que le jour n'est pas éloigné où l'on abandonnera le système des demi-mesures, où, renonçant à l'espoir de satisfaire également toutes les opinions, on saura prendre une décision.

On veut bien de la liberté du commerce, on le dit, du moins, car on l'a proclamée dans tous les articles premiers des ordonnances ou décrets qu'on a péniblement édifiés; mais au lieu de vouloir la liberté réelle, protégée par la force militaire et morale de la France, on a voulu une liberté réglementée par des mesures administratives, c'est-à-dire biffée par tous les articles que l'on a ajoutés au premier.

Ainsi l'on dit (ordonnance de 1842 et arrêté de 1849) :

« Art. 1ᵉʳ. Le commerce de la traite de la gomme aux escales dans le fleuve du Sénégal est libre, sous les restrictions suivantes..... »

Or, ces restrictions constituent un état de choses qu'il est impossible de comparer à la liberté.

Et cette réglementation n'empêche pas que nous ne soyons souvent en discussion avec les Maures, que la traite ne soit interrompue souvent, et que les traitants privilégiés ne se fassent une concurrence, il faut bien le dire, déloyale quelquefois, et toujours si désastreuse, qu'elle ne pourrait l'être davantage quand toute la population de Saint-Louis se trouverait transportée aux escales.

Ce régime constitue, en outre, en faveur des Maures et à notre préjudice, un monopole du commerce de la gomme; il empêche l'exploitation des gommiers de la rive gauche et nous prive du débouché qu'offriraient à nos marchandises les gommes du Ghioloff. Ainsi, nous nous faisons les gendarmes des Maures pour que les Maures nous vendent leur gomme plus cher. Il fait supporter à la gomme des frais énormes qui seront considérablement diminués lorsque l'échange pourra se faire en tout temps et en tout lieu.

On a donné la liberté à Galam, qui est éloigné de 200 lieues de Saint-Louis et ne communique avec nous que pendant cinq mois de l'année ; rien ne prouve qu'on ait eu tort ; et on ne la donnerait pas aux 60 lieues de fleuve qui nous avoisinent !

Si les restrictions sont nécessaires pour modérer la concurrence, elles n'atteignent pas leur but, et si elles l'atteignaient, si le motif était plausible pour les escales, il devrait l'être aussi pour Galam, il devrait l'être pour Saint-Louis, et il faudrait, en vue de la concurrence qui y est grande, y introduire aussi la *liberté suivie de restrictions.*

Mais le motif sérieux, c'est qu'on craint de ne pouvoir protéger le commerce s'il était libre. En effet, c'est là qu'est la difficulté ; mais c'est aussi cette crainte que fait disparaître la fondation d'une ville dans l'île à Morphil. La conséquence nécessaire de cette fondation est la sécurité de nos relations avec les *Toucouleurs* et les *Braknas*, la sécurité du fleuve depuis Podor jusqu'à Saint-Louis, par suite des relations fréquentes qui obligeraient nos navires à sillonner continuellement le fleuve entre les deux villes.

La liberté [1] *réelle* du commerce, rendue possible par l'efficacité de la protection, tournera, comme la fondation de la ville, au profit de la civilisation, de l'agriculture, du bien-être des habitants, et enfin, au profit du commerce lui-même et de la marine de la France.

Le système commercial qui régit le fleuve en exclut les Européens et n'y admet, à des époques et à des lieux déterminés, qu'un petit nombre d'habitants et de noirs. Le commerce libre amènera dans le fleuve quelques Européens, mais surtout des habitants et principalement ces noirs qui végètent à Saint-Louis ; ils se fixeront sur les terres du Wallo qui nous appartiennent et que nous laissons piller par les Maures, et sur celles du Fouta où nous pourrons les protéger (à Podor, à Dagana et à un nouveau fort qu'on jugera sans doute utile d'élever entre ces deux points) ; ils régénéreront, pour ainsi dire, les petits villages qui bordent le fleuve, ils y apporteront des habitudes, des besoins, des goûts nouveaux ; ils y implanteront le commerce de détail qui est devenu si important à Saint-Louis, que presque tous les négociants ont maintenant une boutique ; ils seront naturellement amenés, pendant les moments de ralentissement du commerce, à cultiver pour augmenter leurs ressources et leur bien-être.

C'est tout une révolution, ou plutôt c'est une réforme, une réforme immense, j'en conviens, qui lésera quelques intérêts (mais quelle est la mesure, si petite qu'elle soit, qui n'en lèse aucun ?), mais c'est une réforme qui préviendra une révolution,

---

[1] On a tant défiguré le mot que je suis obligé de lui adjoindre toujours l'épithète qui lui restitue son sens.

qui empêchera une secousse violente que la prolongation de l'état actuel amènerait forcément tôt ou tard.

Les rois maures commenceront par être mécontents, j'en conviens encore ; ils ne pourront plus rançonner aussi facilement leurs malheureux sujets qui nous apportent des gommes. Est-ce un mal ? Ils chercheront à nous manifester leur mécontentement par quelques attaques qu'il faudra se mettre en mesure de repousser, et pour cela nous serons vigoureusement secondés par les noirs de Saint-Louis établis sur les bords du fleuve, par tous ceux même du Wallo qui détestent la domination, ou, pour parler plus exactement, les pillages des Maures, et qui ne s'y soumettent maintenant que parce qu'ils savent qu'ils n'ont aucun secours à attendre de nous.

Qu'on remarque bien que nous n'aurons pas une guerre à faire aux Maures comme nous l'avons déjà faite autrefois ; il nous suffira de donner aux habitants et aux noirs une direction qui les mettra à même de résister aux attaques que les Maures pourraient vouloir tenter.

Mais, dira-t-on, les Maures porteront leurs gommes à Portendick. Portendick est un fantôme qui effraye quelques peureux et que les Anglais font mouvoir de temps en temps à leur grand détriment pour nous intimider. Les Maures porteront beaucoup moins leur gomme à Portendick quand ils pourront l'échanger à toute époque de l'année, à tout endroit du fleuve, par conséquent aux prix les plus avantageux, que lorsqu'ils ont été obligés de subir les prix élevés des escales.

Que l'on se tranquillise, les Maures nous apporteront leurs gommes, leurs rois eux-mêmes les y engageront bientôt, car nous leur payerons les mêmes coutumes que par le passé, en les basant sur la moyenne des dix ou quinze dernières années.

Les objections, du reste, ne manqueront pas ; mais il n'y en a qu'une sérieuse, c'est la difficulté de la protection, et j'y ai déjà répondu par le nouveau régime politique et par la fondation des établissements que je demande.

Les Maures sont naturellement pillards, et lorsque nous aurons dans le Wallo des cultures, des bestiaux et des villages aisés, ils y seraient attirés comme le fer par l'aimant, si nous ne prenions pas une attitude ferme et si nous n'étions pas bien disposés à ne souffrir aucun pillage ; mais lorsque nous aurons doublé les postes de Dagana, Richard-Toll, Merinaghen, armé les habitants et les noirs de Saint-Louis établis dans les villages,

fait croiser fréquemment entre Saint-Louis et Podor les bâtiments de la marine militaire que nous possédons déjà dans le
fleuve, les Maures s'habitueront au nouvel état de choses, et
leurs relations avec nous, qui ont toujours été en s'accrois-
sant [1], deviendront plus intimes, plus multipliées et plus fruc-
tueuses encore.

Ainsi, liberté du commerce appuyée sur la fondation d'une
ville dans l'île à Morphil, tels sont les deux moyens de salut de
notre colonie du Sénégal, telles sont les mesures qui rendront
la culture possible, qui augmenteront considérablement le
commerce, qui relèveront la population de la misère et qui
porteront l'influence française et la civilisation européenne à
la première étape de la route de Tombouctou [2].

---

[1] Depuis quelques années, nous vendons aux Maures une quantité de mil qui
va toujours en augmentant ; ils commencent à demander beaucoup d'arachides,
et de nouveaux besoins se révéleront continuellement.

[2] J'avais achevé cette notice, lorsque deux rapports de M. Raffenel, insérés
dans la *Revue coloniale*, sont venus à ma connaissance. L'intrépide voyageur,
qui a maintenu la dignité de la France jusque dans sa captivité, justifie mes paroles qui pourraient sembler n'être que le résultat d'un enthousiasme irré-
fléchi.

« La question du commerce avec l'intérieur du continent, dit M. Raffenel
« dans le récit de son dernier voyage (*Revue coloniale*, décembre 1849,
« p. 258), est de celles qui touchent aux intérêts positifs les plus grands....
« La solidarité à établir entre gens qui produisent et gens qui consomment
« n'est pas..... un problème insoluble. Au Kaarta, comme dans tous les États
« de la Nigritie, il y a de précieuses matières perdues pour la richesse des na-
« tions ; au Kaarta, en outre, il y aurait à ouvrir des voies de communication,
« destinées à conduire un jour nos produits sur les marchés du Ghiolibá, et à
« faire au commerce si difficile des caravanes du Ssahara une concurrence qui
« serait toute une révolution. »
Et plus loin, p. 276 : « Le problème à résoudre dans cette grande entreprise
« est assez beau pour exciter de nobles ambitions : ouvrir au travers du conti-
« nent africain de larges issues pour y conduire, avec les produits de l'Europe,
« le luxe et l'aisance ; pour éveiller l'industrie dormante des naturels par le
« désir d'une existence meilleure ; pour combattre, par l'attrait des jouissances
« délicates, leurs instincts grossiers et leurs mœurs barbares ; enfin, pour sub-
« stituer à la guerre et à l'esclavage, qui en est le but, la paix et le travail. »
M. Raffenel constate (p. 275, 272, 273) que le roi de Ségo a envoyé des am-
bassadeurs à Saint-Louis, en réponse à une lettre dans laquelle il l'engageait à
entrer en relations avec le France. Or, Ségo est à une plus grande distance de
Bakel et, à plus forte raison, de Saint-Louis que Tombouctou ne l'est de Ségo.
M. Héricé, l'homme qui, je crois, connaît le mieux le Sénégal, a dit (Mémoire déjà cité, p. 25) :
« Je crois donc qu'il est très-facile et très-avantageux de franchir les limites
« commerciales que nous nous sommes volontairement tracées ; et que notre

Deux mots maintenant sur la question financière, car je n'ai pas oublié ce que j'ai dit plus haut :

Il faut à l'avance fixer ses dépenses, de sorte qu'en restant dans leurs limites on ne soit pas exposé à les rendre stériles.

Il fut un temps où l'on appelait les questions d'argent des questions de pot-au-feu, des questions d'épicier ; mais en ce temps-là même on mettait ses joyaux et quelquefois son épée en gage, et la dure nécessité donnait un démenti cruel aux paroles chevaleresques. Nous faisons grand cas maintenant, et nous avons raison, du *doit et de l'avoir* : puissions-nous seulement ne pas négliger, au profit exclusif du compte courant, les autres besoins, les autres instincts, les autres sentiments qui vivifient l'humanité.

La fondation d'une ville dans l'île à Morphil nécessiterait des dépenses de premier établissement et une augmentation du budget de la colonie du Sénégal.

Il s'agit de justifier ces dépenses.

Et d'abord, qu'on me permette de continuer la comparaison déjà commencée entre le Sénégal et la Guyane française, après avoir répété que je suis loin de vouloir nuire à la Guyane en restituant au Sénégal la place qui lui appartient.

Ici encore je ne ferai pas un pas sans m'appuyer sur des chiffres extraits de documents officiels [1]. Ouvrons donc ces gros livres bleus qui, après avoir fait gémir les presses de l'Imprimerie nationale, font gémir la bourse des contribuables.

« commerce, soit par caravanes, soit par bateaux plats au-dessus des cataractes, « peut être porté et fleurir jusque dans les confins de Kaarta et de Ségo, et « attirer les caravanes de Tombouctou. »

On voit que la route de Tombouctou, dont je parle, commence à se dégager des nuages qui l'ont environnée jusqu'à présent.

Mais, avant de songer à Tombouctou, avant d'établir des relations avec Ségo et le Kaarta, il est indispensable que nous soyons solidement établis et maîtres *chez nous*, c'est-à-dire depuis Saint-Louis jusqu'à Bakel, ou, tout au moins, jusqu'à Saldé. Quel pas immense nous aurons fait déjà, lorsque ce mot *chez nous* sera une réalité !

C'est le but que l'on doit atteindre par les moyens que j'indique.

[1] Budget de l'exercice 1850. Rapport au nom de la commission du budget, etc..., par M. Berryer. Budget rectifié de la marine, etc., etc.

La Guyane coûte à la France :

Service général................ 607,100 fr.
—   local 464,600

                                               1,071,700 fr.

Le Sénégal coûte à la France :

Subvention à son budget particulier............ 331,118 fr.

Différence en faveur du Sénégal........ 740,582 fr.

Ainsi, la Guyane coûte à la métropole trois fois plus que le Sénégal, et nous avons vu que le chiffre du commerce du Sénégal [1] était trois fois plus élevé que celui de la Guyane [2] et le chiffre de sa navigation près de quatre fois plus élevé.

Ces faits inexorables n'ont pas besoin de commentaires. Si l'on voulait consacrer au développement de notre colonie de la côte occidentale d'Afrique des ressources analogues à celles que l'on accorde à la Guyane pour la maintenir dans son état actuel, il faudrait porter à 3,000,000 de francs la subvention de 300,000 francs qui figure au budget du Sénégal. Il n'est donc que strictement juste de demander une augmentation de subvention, qui n'a pas besoin, du reste, de s'élever à 3,000,000 pour être efficace.

Mais cherchons d'autres comparaisons.

La France n'alloue-t-elle pas une subvention de 300,000 francs à l'établissement de Mayotte qui pourra devenir, mais qui est loin d'être à présent une colonie? Quel est le chiffre de commerce et de navigation qui autorise cette dépense? et cependant on ne peut que l'approuver, car il convient à un Etat de faire ce qui serait blâmable dans les comptes courants d'un agriculteur ou d'un négociant, parce que l'avenir d'une nation est sans limites, parce que les considérations de prépondérance, de dignité, de défense, de civilisation, qui ne sauraient trouver place dans les calculs d'un particulier, figurent et pèsent d'un grand poids dans ceux d'un Etat. L'avenir de Mayotte répondra peut-être à ce qu'on en attend, mais il se peut aussi qu'il n'y réponde pas. La France, en tous cas, aura eu raison d'essayer de faire germer sur ce point du globe un de ses trop rares rejetons. Eh bien! qu'elle fasse pour l'exten-

---

[1] Moyenne de 1842 à 1847 inclus., 17,033,331.
[2] Même moyenne, 5,816,666.

sion de la colonie sénégalaise, et je crois avoir montré que tout l'y engage, qu'elle fasse quelques sacrifices quand même il ne serait pas certain que l'avenir les rachetât un jour dans toute leur étendue.

Avant de quitter les livres bleus, jetons un regard sur le budget de l'Algérie, non pas un regard d'envie, mais un regard fraternel ; car l'Algérie et le Sénégal se tendent les bras à travers le Zahra, et le temps n'est pas si éloigné qu'on le pense où ils pourront se donner la main [1]; tout ce qui touche à l'extension du Sénégal intéresse l'Algérie, et le développement de l'Algérie ne peut que profiter un jour au Sénégal. Eh bien ! que l'Algérie fasse au Sénégal l'aumône de 1 p. 0/0 de son budget, et les 800,000 francs de cette aumône couvriront et au delà les dépenses de premier établissement et l'augmentation de budget nécessaire pour fonder une ville dans l'île à Morphil et maîtriser le fleuve.

Constatons encore, d'après ces intéressants et volumineux recueils de chiffres, qu'on fait peser à tort sur le budget du Sénégal des dépenses qui concernent nos comptoirs de la côte d'Afrique. Ces comptoirs m'inspirent tout autant d'intérêt qu'à leur fondateur, et j'aimerais à voir les dépenses dont je vais parler, augmentées plutôt que diminuées ; mais qu'on rende à chacun ce qui lui appartient et que les 12,000 francs [2] prélevés sur le budget de Saint-Louis soient reportés à leur véritable place.

Pourquoi aussi ne donnerait-on pas au Sénégal une petite part des fonds alloués aux autres colonies pour introduction de travailleurs ?

Chercherai-je encore des comparaisons ou des modèles chez les Anglais ? Je pense que nous devons être très-réservés dans l'imitation de nos riches voisins ; car, à mon sens, le succès ne justifie pas toujours les moyens, et je n'aimerais pas des

---

[1] M. Léopold Panet, habitant du Sénégal, qui a accompagné M. Raffenel dans son voyage au Kaarta, vient de traverser le Désert, et il confirme l'opinion déjà émise que le Désert est semé d'oasis, et que, sans les attaques des Arabes pillards, appartenant à des tribus éparses loin des centres de domination, on pourrait établir, sans trop de dangers, des communications du Sénégal au Maroc, en Algérie, à Tunis, à Tombouctou, et réciproquement. L'intéressante relation de son voyage se publie, en ce moment, dans la *Revue coloniale.*

[2] Budget du Sénégal, 1850. — Service du culte. — Mission de la côte occidentale d'Afrique. — Six prêtres et six frères convers, 11,400 francs.

conseils qui tendraient [1], par exemple, à lancer les diverses populations du fleuve les unes contre les autres; sans doute pour obéir à la maxime : *Diviser pour régner*, si impitoyablement appliquée par les Anglais dans l'Inde. Mais nous pouvons sans crainte imiter leur sage hardiesse et leur constance dans la colonisation , et nous avons sur la côte d'Afrique même un point de comparaison qui devrait nous engager à être moins parcimonieux et plus justes envers le Sénégal. Le budget particulier (civil expenses) de Sierra-Leone coûtait à l'Angleterre, de 1824 à 1830, 4,000,000 francs par an [2], et le commerce de la Grande-Bretagne, avec toute la côte d'Afrique, depuis la Gambie jusqu'au Congo, s'élevait, en 1829, à l'importation et à l'exportation, à 15,223,350 francs [3] seulement.

Les dépenses depuis cette époque ont considérablement diminué ; cette colonie ne demande plus à sa métropole qu'un faible appui, parce que cette métropole a su faire pour sa fondation et l'entretien de ses premières années, toutes les dépenses nécessaires. C'est toujours ainsi, du reste, que procède l'Angleterre, et c'est à cette manière d'agir qu'elle doit d'avoir des colonies plus importantes et moins coûteuses que les nôtres. Qu'on veuille bien étudier la naissance et les progrès de ses colonies de la Nouvelle-Hollande, par exemple, et de celle qu'elle fonde en ce moment à la Nouvelle-Zélande, à notre détriment, et l'on reconnaîtra la vérité de ce que j'avance.

Il résulte de ce qui précède que nous avons de nombreux motifs de faire pour le Sénégal des dépenses nouvelles et proportionnées à son importance actuelle. Mais il me semble facile de prouver, en outre, que ces dépenses nouvelles auraient un caractère de prévoyance et de prudence bien suffisant alors

---

[1] On a imprimé, à propos du Sénégal, ce qui suit :

« On a déjà tenté vingt expéditions contre les populations féroces de la rive
« gauche, avec lesquelles tous les traités sont des lettres mortes, et dont notre
« commerce du fleuve a continuellement à supporter les pillages et les cruautés.
« Il serait mille fois plus simple de suivre, à ce sujet, les idées émises par plu-
« sieurs gouverneurs, à savoir : de lâcher les tribus maures sur le Fouta et le
« Dimar, où elles n'ont pas à redouter ces maladies terribles qui déciment nos
« soldats. Les Maures n'attendent pour cela qu'un mot, un signe, un appui
« seulement pour protéger leur passage du fleuve. Or, jusqu'à ce jour, nous
« nous sommes toujours opposés à leurs incursions, qui n'ont jamais pu se faire
« ainsi que partiellement. »

[2] M. Culloch, *Dictionnary*, etc.

[3] Id.   id.   Les principaux objets des échanges étaient : tissus
de coton, armes, poudre et fer, etc., huile de palme, cire, ivoire, etc.

même qu'elles ne seraient pas motivées par l'importance actuelle de la colonie, mais seulement par le désir et l'espoir de son développement futur.

En effet, supposons un instant, et cette supposition n'est pas faite au hasard, mais je ne veux pas m'arrêter à l'exposé des chiffres qui en sont la base, supposons que, pour commencer la fondation d'une ville à Podor et y entretenir notre domination sur un pied respectable, il fallût dépenser 500,000 francs pendant chacune des deux premières années, et ensuite 250,000 francs par an, il arriverait l'une de ces deux choses :

Podor deviendrait réellement une ville ; le commerce général du Sénégal, sous l'empire de la liberté et à l'abri d'une domination sérieuse, s'accroîtrait d'un quart, d'un tiers, de moitié peut-être (je crois qu'il serait doublé, mais je ne veux forcer personne à partager mes prévisions), et alors la dépense se trouverait parfaitement justifiée ; elle pourrait être continuée, augmentée même, si l'espoir d'un nouveau développement se faisait jour ;

Ou bien, après un essai patient, tel qu'en ont su faire les Anglais, en Australie, par exemple, la ville ne se serait pas formée, les habitants ne seraient pas venus se grouper autour des constructions élevées par le Gouvernement, le commerce serait resté stationnaire ; ni l'agriculture, ni la civilisation, ni la navigation n'auraient fait de progrès. Eh bien ! dans cette triste hypothèse elle-même, les dépenses n'auraient pas été imprudentes, car elles pourraient être diminuées, puis suspendues, et celles qui auraient été faites n'auraient pas perdu leur utilité. Podor ne serait pas une ville, mais ce serait un poste un peu plus important que Dagana et dont l'entretien n'exigerait que des frais minimes. Ce poste en imposerait aux Toucouleurs, assez du moins pour empêcher d'insolents pillages, et il nous épargnerait nos difficiles, nos coûteuses, nos infructueuses expéditions et les avanies de nos victoires actuelles.

Rien ne s'opposerait même au rétablissement de la liberté restreinte, et les défenseurs de ce singulier système seraient bien plus forts après un essai malheureux qu'ils ne peuvent l'être maintenant ; aussi, je compte beaucoup sur leur appui sincère.

Je me résume :

Les dépenses qu'il faudrait faire auraient pour résultat de pacifier la colonie et de changer sa misère en prospérité ; l'avenir seul, il est vrai, peut établir invinciblement la réalité de cette assertion ; mais ces dépenses n'engagent pas dans une voie inconnue où l'on serait entraîné au delà de ses prévisions, et si elles ne produisaient pas tous les résultats qu'on en attend, elles auraient eu, cependant, leur utilité. Mais on ne peut les refuser quand il est avéré qu'elles sont justifiées, qu'elles sont nécessitées par l'importance actuelle du Sénégal ; il n'est donc que strictement équitable de mettre son budget plus en rapport avec ceux de quelques-unes de nos autres colonies.

Je vais indiquer maintenant les mesures qui, sans avoir la même importance que la fondation d'une ville à Podor et la proclamation de la liberté du commerce, pourraient, toutefois, consolider aussi notre domination et contribuer, dans une certaine proportion, à la prospérité de la colonie, au bien-être de ses habitants et au développement de la civilisation et du commerce.

1° *Construction de forts ou postes.*

1° A Dakar, en face de Gorée. Je n'insiste pas sur l'utilité de cet établissement ; elle est bien reconnue, et l'on a déjà, si je ne me trompe, fait des études et les devis d'un projet. Je dirai seulement que, si nous ne nous hâtons pas de prendre possession de ce point, d'autres nations pourraient bien nous devancer. Cette allégation repose sur des renseignements positifs.

2° Entre Dagana et Podor, un fort à Fanaye évitera bien des pillages et bien des expéditions. Son établissement est donc justifié même au point de vue purement économique.

Ce fort de Fanaye, de Bokoll ou du Cachot, suivant le lieu qui serait préféré, serait la conséquence du système de pacification du fleuve par l'occupation ; il devrait être de l'importance à peu près de celui de Richard-Toll. Quelques autres forts d'une importance moindre seraient encore utiles, entre Saint-Louis et Richard-Toll, entre Lamsar et Merinaghen, peut-être entre Merinaghen et Fanaye et enfin à l'extrémité orientale de l'ile à Morphil.

2° *Rétablissement de l'engagement à temps.*

Voilà une phrase de nature à exciter l'indignation des philanthropes : le sujet mérite d'être traité plus amplement que je ne puis le faire ici. Je dirai seulement que c'est dans un but de charité et de civilisation que je propose cette mesure qui, je le crains bien, sera repoussée de tous côtés ; mais on ne transige pas avec ses opinions. Je développerai la mienne dès que j'en aurai l'occasion.

3° *Éducation secondaire et primaire.*

Si le climat du Sénégal est souvent funeste pour les Européens, celui de l'Europe l'est au moins autant pour les Sénégalais : il est donc à désirer que les jeunes gens que leur condition sociale ou des aptitudes particulières mettent en position de recevoir l'éducation universitaire complète, puissent la trouver au Sénégal, lorsque leur santé ou des empêchements quelconques ne leur permettent pas de l'aller chercher en France ; Saint-Louis devrait avoir un collége fortement organisé et habilement dirigé. Mais c'est surtout l'instruction primaire qui aurait besoin d'un grand développement et d'une direction nouvelle. Je m'explique. L'école des frères est convenablement organisée, elle fait beaucoup de bien et elle a déjà commencé à entrer dans la voie de l'instruction professionnelle ; c'est dans cette voie qu'il faudrait qu'elle fît des progrès rapides ; il faudrait, en outre, qu'elle fût mise à même de donner les premiers éléments de l'instruction, et surtout de l'éducation à un nombre d'enfants au moins double de celui qu'elle admet maintenant. — Le pensionnat des dames de Saint-Joseph est aussi une excellente institution, qui mérite des encouragements ; mais je voudrais lui voir une annexe, qui serait destinée à donner les premiers éléments d'instruction et d'éducation à toutes les jeunes filles noires qu'il serait possible de réunir. Cette question d'école est loin d'être mesquine : c'est peut-être la plus importante de toutes celles qui se rattachent à la civilisation de l'Afrique. Le degré d'asservissement ou d'émancipation des femmes est un signe infaillible de l'état d'infériorité ou de supériorité sociale d'une nation, et si l'on arrive à faire de la négresse au Sénégal un être intellectuel et moral, tandis que ce n'est maintenant qu'une pileuse de cousscouss, on aura réalisé la plus remarquable amélioration, car c'est au cœur même de cette nation que l'on aura apporté une modification profonde, qui se répandra comme un baume salutaire jusqu'à l'extrémité de ses membres.

4° Encouragement aux missions. — Nécessité de la religion.

Des missions avaient eu lieu jusqu'à ce jour sur divers points de la côte d'Afrique, et jamais encore dans le fleuve du Sénégal, où nous avons cependant plus d'intérêt qu'ailleurs à nous assimiler les populations ; depuis quelques mois seulement des missionnaires sont partis pour Bakel : il ne faut pas se dissimuler que cette portion de l'Afrique est peut-être le point du globe où la prédication évangélique rencontrera le plus d'obstacles ; moitié idolâtres, moitié mahométanes, insouciantes et dominées par les instincts sensuels, les races qui y végètent ouvriront difficilement leur intelligence aux horizons immenses du christianisme. C'est un motif pour l'État d'encourager spécialement ces missions. — Quant à la nécessité de la religion au Sénégal, je suis heureux de me trouver de nouveau en conformité d'opinion avec l'honorable habitant du Sénégal que j'ai déjà cité, M. Héricé (*Voir* son Mémoire, etc., pages 45 et 46). Abstraction faite de la foi et au point de vue purement philosophique et *humanitaire*, pour me servir d'un mot plus usité que nettement défini, le christianisme est incontestablement le corps de doctrine le plus capable d'adoucir la barbarie et de développer l'intelligence. Si donc il y a un point où l'utilité de son établissement soit évidente pour ceux même qui ne croient pas à sa divinité, c'est assurément l'Afrique, et pour nous Français, le Sénégal où nous voulons faire *enjamber*, qu'on me pardonne l'expression, dix-huit siècles à la fois aux populations noires : on m'accordera facilement que l'application des préceptes si purs et si doux de l'Évangile serait le plus sûr moyen de réaliser ce progrès.

La religion cessera donc d'être combattue, elle sera respectée, elle sera encouragée même dans notre colonie, par ceux d'abord qui croient à sa vérité, puis par ceux mêmes qui n'ont pas le temps ou qui ne veulent pas s'occuper de rechercher si elle est la vérité, parce que ceux là comprendront qu'il faut au moins que nous passions pour croire à quelque chose, si nous voulons paraître supérieurs à cette population, qui croit, elle, à l'islamisme.

5° Gorée entrepôt.

Cette demande a déjà été faite, et son exposition exige quelques développements : j'espère être amené prochainement à les publier.

6° *Troupes noires.*

M. Raffenel a émis à ce sujet (*Revue coloniale*, décembre 1849, page 269) quelques idées que je trouve fort justes : il faut espérer que les gouverneurs du Sénégal et la direction des colonies pourront en tirer parti. Il propose : 1° de former un corps spécial de nègres dans les mêmes conditions qu'un corps français, sans oublier tambour-major, musique et drapeau, etc.; 2° de faire commander ce corps par des officiers choisis, qui en feraient indéfiniment partie, et qui, dès lors, forcés, par devoir comme par amour-propre, de s'occuper de leur troupe, en tireraient assurément le même parti que les officiers anglais ont tiré de leurs *black-soldiers* ; 3° de faire organiser cette troupe, soit en Algérie, soit aux îles du cap Verd ou des Canaries, etc.; 4° d'éviter, comme un obstacle insurmontable, de tenter une organisation analogue à Saint-Louis ou à Gorée ; car ce serait, au moins pour le moment, perdre sa peine et son argent.

7° *Encouragement aux plantations d'arbres et aux indigoteries.*

L'influence de la végétation forestière sur le climat, et par suite sur le sol, n'est plus mise en doute ; il serait avantageux et facile de favoriser la plantation de nouveaux arbres, et de veiller à la conservation de ceux qui existent ; les terrains les plus arides et les plus voisins de la mer alimentent des tamariniers, des cocotiers et quelques autres grandes espèces. — La mise de fonds et les connaissances toutes spéciales nécessaires pour l'établissement et l'entretien d'une indigoterie, empêcheront longtemps encore les particuliers de se consacrer à cette industrie : peut-être qu'un encouragement de l'État déciderait quelqu'un des moins timides à faire un essai ; mais il faudrait être excessivement réservé dans cette voie d'encouragement, pour ne pas s'exposer à des mécomptes, et manquer le but, comme en 1825. J'indiquerai, dans un autre travail, de quelle manière et dans quelle proportion on pourrait favoriser la création des indigoteries.

8° *Séjour prolongé des gouverneurs.*

On comprend facilement tous les inconvénients des changements fréquents de gouverneurs : l'unité d'action et la suite dans les projets brisées, et la direction de la colonie flottant au gré de tous les vents. Non-seulement l'administration devrait exiger des gouverneurs un long séjour, coupé par des congés dans l'intérêt de leur santé, mais elle devrait les choisir dans la classe des administrateurs, des préfets ; elle en obtiendrait, je crois, les plus avantageux résultats.

9° Creusement des parties du fleuve qui ne sont pas navigables pendant la saison sèche, entre Podor et Bakel.

Avant de faire ce travail, qui contribuerait puissamment à l'extension du commerce avec l'intérieur, il faudrait en étudier la possibilité et la dépense. Cette étude ne serait ni difficile ni coûteuse, surtout si nous étions maîtres de l'île à Morphil. Il serait également peu dispendieux d'étudier le creusement du marigot du lac Paniefoul jusqu'à Oumkolhou.

10° Communications régulières entre la France et le Sénégal.

Les lignes de bateaux à vapeur que l'Angleterre vient d'établir pour se relier au Brésil et au cap de Bonne-Espérance rendent l'accomplissement de ce vœu bien facile. L'Angleterre s'est réservé la faculté de modifier l'itinéraire de ces bateaux. Le Gouvernement français ne pourrait-il pas, au moyen de quelques avances, de quelques concessions, obtenir que Gorée fût désigné comme nouveau point de relâche de l'une au moins de ces deux lignes ? Ou s'il lui semble trop difficile d'arriver à ce résultat, ne pourrait-il pas charger l'un des bateaux à vapeur de la station de faire deux fois par mois le trajet de Gorée ou de Saint-Louis à l'île Saint-Vincent ?

Et maintenant que j'ai beaucoup demandé au Gouvernement, les habitants de Saint-Louis et de Gorée me permettront-ils de leur demander aussi quelque chose ?

Nous ne sommes plus au temps où les Gouvernements pensaient, parlaient et agissaient pour les nations qu'ils dirigeaient ou qu'ils possédaient. Les nations ont voulu à leur tour penser, parler surtout et enfin agir par elles-mêmes ; il en est bien résulté une série de faits historiques diversement appréciés et de crises dont nous ne sommes pas encore sortis, mais enfin le fait existe, et l'une de ses conséquences les plus incontestables, c'est qu'il est du devoir des nations de s'aider beaucoup elles-mêmes pour que leur Gouvernement les aide. Puisqu'elles sont en possession d'une existence, d'une individualité propre, si je puis m'exprimer ainsi, il ne leur sied plus de se considérer comme des machines inanimées que le Gouvernement est tenu de mettre en mouvement. Au lieu de crier sans cesse aux Gouvernements : pourquoi ne nous faites-vous pas marcher! que ne se bornent-elles à marcher elles-mêmes, puisqu'elles ont la vie et le mouvement pour le faire ?

Le Sénégal ne pourrait-il pas s'appliquer en partie ces réflexions ?

Ne lui serait-il pas possible de rendre la tâche du Gouvernement plus facile en lui exprimant nettement ses besoins et ses désirs, et s'il marchait un peu lui-même au lieu de se borner à dire au Gouvernement : faites-moi marcher, n'avancerait-il pas beaucoup plus vite ?

Que le Sénégal marche, et j'espère, et je suis convaincu que le Gouvernement le secondera.

Qu'il marche, c'est-à-dire d'abord qu'il soit uni : les rivalités, les méfiances, les opinions et les intérêts obstinés à ne rien céder aux opinions et aux intérêts adverses, sont autant de mouvements contraires qui s'annulent, qui condamnent la colonie à l'inaction et paralysent son existence.

Qu'il marche, et pour cela qu'il regarde devant lui pour voir où il doit porter ses pas, c'est-à-dire, qu'il se détourne un instant des préoccupations de l'intérêt privé et journalier pour peser les intérêts généraux et ceux de l'avenir ; qu'il se garde surtout de donner à l'intérêt privé le masque de l'intérêt général, c'est le plus grand danger auquel il puisse s'exposer : cette apparence trompeuse, ce mirage tentateur l'ont déjà conduit aux funestes résultats des essais de culture de 1825, puis des divers compromis toujours si habilement violés.

Que le Sénégal marche enfin, c'est-à-dire qu'il ait la sage audace d'exécuter par lui-même tout ce qui n'exige pas impérieusement l'intervention préalable du Gouvernement.

Et pour citer quelques-unes des mesures offertes à son initiative, ne peut-il pas avoir un bateau à vapeur qui réduirait sur le fleuve une multitude de faux frais ; qui, multipliant et facilitant les rapports, augmenterait le chiffre des affaires ; qui pourrait rendre plus fréquentes et plus assurées les relations entre Saint-Louis et Gorée, soumises maintenant aux caprices du *Damel;* qui, au besoin même, allant à Saint-Vincent, ferait participer la colonie aux avantages qu'offrent les lignes de steamers anglais ? Ne peut-il pas, se moralisant lui-même, moraliser par son exemple les populations noires de Saint-Louis d'abord, puis ensuite des environs ? Ne peut-il pas provoquer la culture de l'arachide dans le Wallo et le Fouta ?....

Mais je m'aperçois que je demande au Sénégal beaucoup plus qu'au Gouvernement :

A l'un un peu d'argent,

A l'autre une sagesse presque surhumaine et dont la métropole et le Gouvernement ne lui offrent pas toujours un modèle bien parfait.

Et cependant j'ai la confiance que ma double demande ne restera pas sans résultat et que je pourrai redire bientôt comme un cri de bonheur et non plus comme un reproche :

LE SÉNÉGAL EST UNE COLONIE FRANÇAISE.

Paris.—Imprimerie de Paul Dupont,
rue de Grenelle-St-Honoré, 45.

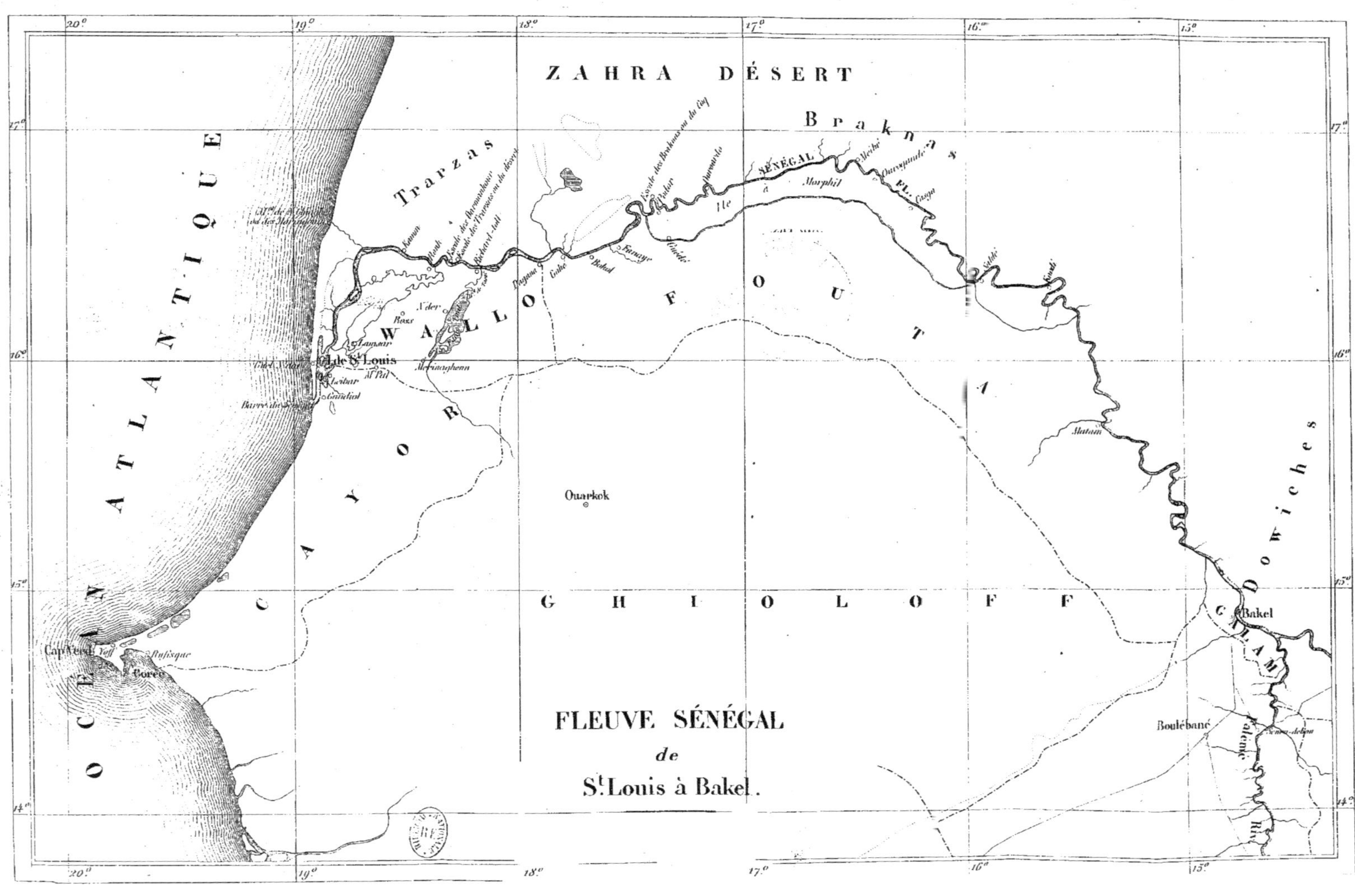
ZAHRA DÉSERT
Braknas
Trarzas
OCÉAN ATLANTIQUE
WALLO
CAYOR
FOUTA
GHIOLOFF
Dowiches
GHAM
SÉNÉGAL
Île St Louis
Cap Vert
Yoff
Rufisque
Gorée
Gandiol
Barre du Sénégal
Ndiar
Ross
Guet N'Dar
Langsar
Merinaghenn
Kanun
Richard-Toll
Escale des Barmanabour ou des Maures
Escale des Trarzas ou du désert
Podor
Dagana
Gahé
Bokol
Fanaye
Île
Morphil
Escale des Braknas ou du Coq
Dureunrlo
Merbré
Ourxquaule
Fl. Gaya
Sibbi
Kanel
Matam
C. Bakel
Boulébané
Ouarkok
FLEUVE SÉNÉGAL
de
St Louis à Bakel.